샘물시집시리즈 ● 004

홍인선 시집

새막골의 봄

문학공동체샘물

샘물시집시리즈 004
새막골의 봄

지 은 이	홍인선
펴 낸 이	김운기 임화자
펴 낸 곳	문학공동체샘물
디 자 인	곽효민
교 정	김순천

등 록 일	2025년 8월 12일
등록번호	제2025-000030호
주 소	수원시 팔달구 화서문로 35, 3층
전 화	031-269-9991
팩 스	031-241-2322
전자우편	sammul25@naver.com

ISBN 979-11-992167-5-4

이 책의 판권은 지은이와 문학공동체샘물에 있습니다.
양측의 동의 없는 무단 전재 및 복제를 금합니다.

샘물시집시리즈 004

새막골의 봄

홍인선

2025

새막골의 봄

차례

- **추천사**   12
- **작가의 말**   18

- **새막골의 봄**

봄의 전령	23
봄이 오는 소리	24
봄 향기를 먹으며	26
씨감자를 심으며	28
표고를 따며	30
산벚꽃이 피면	31
칡을 캐며	32
두릅을 따며	34
너럭바위에 앉아	36
수국꽃 피면	37
산골 두룡동	38
데크를 만들며	40
새참을 먹으며	42
금낭화를 바라보며	43
토종벌을 키우며	44

산골의 아침	45
누각을 지으며	46
서리태를 심으며	47
소나무를 심으며	48
장뇌삼 씨앗을 심으며	49

❧ 새막골의 여름

장맛비가 내리면	53
뒷산에 들어서면	54
강가에 내려가면	56
메기소에서 밤낚시를 하며	58
방문객을 맞이하며	60
물탱크 청소를 하며	62
윗동네로 마실을 가며	64
달빛연구소를 들여다보며	66
깔딱메기 잡는 밤	67
원두막에서의 하룻밤	69
어탕국수를 먹으며	70
시 낭송을 하며	71
계곡에 발을 담그니	72
암반수를 축하하며	73
태풍이 지나가니	74
불법건축물을 제거하며	75
피델리우스 형님을 맞이하며	77

한여름의 장마   79
도리뱅뱅이 먹으며   80

● 새막골의 가을

산밤을 주우며   85
조 타작   87
주천강에서 천렵을 하며   89
구절초꽃 향기   91
낙엽을 태우며   92
돌배주를 담그며   94
황토방에 불을 지피며   96
황토방 벽에 기대어   98
소나무 전지를 하며   99
지붕 배수로를 정리하며   100
더덕을 캐며   101
장뇌삼을 캐며   102
오미자를 따며   103
숙자 누나   105
텃밭 농사를 지으며   106
황토방에 누워   108
산책로를 조성하며   109
토종꿀 수확   110
송이를 따며   111

새막골의 겨울

산골에 눈이 오면	115
새막골 고개를 넘으며	116
겨울 주천강	117
달빛과 오미자주	118
눈썰매를 타며	120
토끼탕 맛에 빠져	121
화목난로 옆에서	122
배향산을 오르며	123
산골길 눈을 치우며	124
만두를 빚으며	125
민물매운탕 끓이며	126
나무 지게를 하며	127
장작을 쌓으며	129
마실지기	130
물이 끊기니	132
석화구이를 먹으며	133
황토방	134
소머리 국밥을 먹으며	135
치악산 상원사를 오르며	136
새막골 단합대회	137

추천사

| 추천사 |

'새막골'이 펼치는 사계

황봉학 시인

●

  홍인선 시인이 '새막골의 사계'라는 시집을 펴낸다.

  오랜 교직 생활로 다져진 인품과 강원도 한적하고 아담한 전원주택에서의 생활이 시어로 탄생한 시집이다 보니 읽는 내내 '그래!, 그래!'하는 감탄사가 절로 터져 나온다. 이 시집은 시인이 '새막골'에서 십수 년간 생활하면서 직접 겪고 다듬어온 이야기이다.

  내가 가본 '새막골'은 강원도의 전형적인 시골 풍경으로 가까이 맑은 치악산 상류천이 흐르고 집 앞에는 작은 계곡과 숲이 있어 여름을 더욱 시원하게 해주었다. 시인이 겨울나기를 위해 준비한 장작더미가 가지런하게 주택의 빈자리를 가득 채운 모습이 그림처럼 아름다운 곳이었다. 시인과 함께 고기잡이도 하고 산책도 했다. 밤에는 별이 쏟아지는 마당에서 모닥불을 피워놓고 어탕국수도 함께 먹었다. 아담한 정자에 둘러앉아 팬플루트를 연주하며 시도 읊었다. 아마도 '새막골'에서 하루하루는 늘

이런 낭만으로 가득했을 것 같다. 시인이 직접 가꾼 꽃들이 만들어준 시어들이 차곡차곡 쌓여 시인에게 영감을 주었으리라. 풀벌레 소리 또한 한몫하였으리라고 생각한다.

연작시로 엮은 많은 시집이 시중에 나돌고 있지만 '새막골'이라는 한 지역의 생생한 이야기를 시집 한 권에 담기에는 쉽지 않았으리라 생각한다.

시인이 직접 오르내리던 산이며 직접 가꾼 초목들이며 마을 주민들과의 생활상을 생생하게 엮은 시들이다 보니 읽는 것만으로도 독자는 봄, 여름, 가을, 겨울을 강원도 어느 아늑한 풍경과 함께 하리라 생각한다.

봄에 관한 연작시가 20편, 여름에 관한 연작시가 19편, 가을에 관한 연작시가 19편, 겨울에 관한 연작시가 20편으로 이어진다. 어느 한 편도 여느 시처럼 상상으로 쓰거나 가상의 일이 아닌 시인이 몸소 체험에서 건져 올린 시어들이다. 시를 창작하는 데 있어 체험을 통한 글보다 소중한 것은 없다. 그저 재미로 읽히는 시들이 아닌 우리 삶의 현장이다 보니 더욱더 공감을 얻을 수 있으리라 믿는다.

시인이 직접 주변을 가꾸고 체험한 것을 한 편 한 편의 시로 엮어낸 것이니 살아있는 글, 살아있는 시어들이라는 평이 적합한 듯하다.

'새막골의 사계'를 생생한 기록으로 함께해 보는 것도 독자들이 느낄 수 있는 또 다른 행복이 아닐까 생각한다.

수십 년 시를 쓰고 제자들을 양성한 필자가 독자들에게 추천의 글을 올린다.

모쪼록 오랜 교직 생활을 정리하고 일반인으로 돌아오는 시인의 발걸음이 이 시집과 함께 새로운 시의 꽃으로 활짝 피어나기를 기원해 본다.

작가의 말

| 작가의 말 |

홍 인 선

●

 십팔년 전 사십대 중반, 어린 자녀 삼남매의 가장으로 또한 고등학교 3학년 부장으로 근무하던 중, 위암 말기의 판정 후 삼성의료원에서 위전절제 수술을 받고 5년 생존률이 20% 이하라는 진단을 받았다. 6개월 항암치료를 받으면서 제대로 먹을 수 있는 환경이 되지 않았지만 제발 살아만 달라는 아내의 간절한 눈빛과 가정을 지켜야 한다는 강한 의지와 가족들의 사랑과 응원에 힘입어 치료를 마칠 수 있었다.
 하지만 완쾌되지 않은 몸으로 직장에 복귀할 수 없었다. 2년간의 휴직을 하기로 해고 몸을 투병할 수 있는 장소을 알아보던 중 같은 학교의 동료 선배 교사가 세컨드 하우스로 사용하는 집을 2년 동안 무상으로 생활하도록 배려해 주었다. 그곳이 강원도 영월군 무릉도원면 두산리 해발 350m의 새막골이다.
 처음에는 낯선 환경이었지만 산 속의 새소리, 집 앞 청정한 계곡의 물, 자연의 샘물, 흘러가는 구름, 뒷산 청솔

모의 재롱, 딱따구리의 연주, 멧돼지의 아우성, 전나무의 넓은 품, 고라니의 비명, 표고대의 버섯, 집 주변의 각종 야생화, 산나물, 주천강의 다슬기, 주천강의 물고기, 한여름밤의 반딧불, 밤하늘의 달빛과 별빛, 주민들의 배려와 미소, 이 모두가 나의 회복을 돕는 자극제와 약이 되었다.

새막골의 청정한 자연의 기운 덕분에 2년 동안 나는 다시 복직할 수 있을 만큼 몸을 만들수 있었고, 다시 태어난 기분으로 제2의 인생을 시작할 수 있었다. 어머니 품에 안기는 듯한 편안함에 새막골에 정이 듬뿍 들었고, 이러한 분위기를 안 동료 선배 교사는 나를 위해 집을 原價에 살 수 있도록 배려해 주웠다

복직 후 주중에는 학교에 나가서 학생들을 가르치고, 주말에는 충전의 분위기로 새막골에 내려와 봄, 여름, 가을, 겨울을 보내면서 건강하게 생활할 수 있는 바탕이 되었다. 새막골과 함께 보낸 사계의 풍경들을 미약한 글로 남길 수 있어 행복하다.

나의 제2 고향이 된 새막골, 함께 동고동락한 주민들에게 고마움과 감사함을 전합니다. 시집이 나올 수 있도록 지도해 주신 황봉학 교수님과 출판이 되기까지 수고해 주신 문학공동체샘물 대표이사 김운기 회장님과 집행부에 감사를 드립니다.

아울러 아내와 가족들에게도 큰 고마움을 전합니다.

새막골의 봄

새막골의 봄 1
— 봄의 전령

아침결
새소리에 이끌려 밖으로 나오니
때늦은 흰 눈의 세계네요

설레는 마음으로 두루 살펴보니
노란 복수초꽃이 마당 모퉁이에서
주인의 눈길을 기다리고 있네요

가까이 다가가 눈 맞추니
수줍은 듯 반가운 듯
환한 미소를 보내네요

봄의 전령인 듯한 모습에
겨우내 움츠렸던 마음도
주름졌던 얼굴도 펴지네요

건조한 일상에
소중한 선물로 다가온 복수초꽃
내 마음에 희망의 싹을 돋게 하네요

새막골의 봄 2
— 봄이 오는 소리

산골 울리는 새소리에 즐거워지는 아침
자목련이 꽃봉오릴 터뜨리려 하네요
긴 겨울 견디고 새봄을 준비하는
나무들의 모습에서 근면을 배워요

새순과 꽃을 피우느라
땅속에서 생명의 작업을 하는
식물들 생각하니
눈앞에 봄꽃들이 아른거려요

예제서 들리는 봄의 소리에
집 앞 계곡으로 향합니다
겨우내 계곡을 잠들게 한 얼음 녹고
생명의 소리가 울려요

물속을 들여다보니
다슬기는 꼬물대며 기어 다니고
피라미들은 신나게 유영하고
바위 위 이끼들은 초록빛으로 봄을 알려요

가지 끝까지 물오른 버드나무
꽃봉오리 열리는 진달래
새 옷 갈아입으려는 원추리
자연의 봄에서 생동하는 메아리가 들려요

새막골의 봄 3
— 봄 향기를 먹으며

나무는 수액 주사 맞은 듯 물이 오르고
봄바람은 살랑살랑 여인의 치맛자락 흔들고
봄바람은 내 마음에 들어와
콧노래 흥얼거리게 한다

언덕배기 밭두둑에 핀 머위꽃
줄기 끝에 올라앉은
이름 모를 아기 꽃봉오리들
한 가족처럼 다닥다닥 모여 꽃잎을 연다

봄의 향기 먹고 싶어
머위꽃 뜯어 계곡물에 씻고
누각에 앉아 튀김옷 입혀 두 번 튀겨내
달래 초간장 무침과 함께 차려 내면

조화로운 빛깔과 모습에 반하고
한 입 넣으면 향에 취해
행복 바이러스가 춤을 춘다
너의 향기와 맛을 무엇에 견주리오

저 멀리 보이는 산봉우리도
내게로 가까이 온다

새막골의 봄 4
— 씨감자를 심으며

상큼해진 햇살 쪼이며
텃밭에 고랑을 파고 이랑을 만든다
맨발로 흙을 밟으니 힘찬 기운이
전신을 돌아 정수리까지 올라온다

누운 낙엽 속에서 봄을 준비하는
아지랑이 율동이 아른거리고
흙 속에서 행진을 준비하는
지렁이의 기지개가 한껏 느껴진다

잘 돋운 이랑 위에 까만 비닐 옷 입히고
일정한 간격으로 구멍 뚫어 씨감자 묻고
부드러운 흙살 덮어 마무리하니
단정한 감자밭이 만들어진다

조만간 새순 올라올 기대에 흐뭇한 마음으로
텃밭 옆 소나무 그늘에서 휴식을 취하니
새들이 반갑다며 지저귀고
볼 붉은 진달래도 살그래 웃어준다

한 알의 씨감자가 밀알 되어
감자를 열리게 하는 자연의 이치에
새삼 고개 숙어지는
보람된 봄날

새막골의 봄 5
— 표고를 따며

녹음이 우거진 뒷산 전나무 숲
횡렬로 등 기대고 선 참나무 대에 터 잡은
표고의 새 얼굴 보고파 숲에 오르니
청설모가 나뭇가지에서 펄렁대며
눈인사한다

신선한 숲속 공기가 몸을 가볍게 한다
씨균 배양했던 자리마다
별 모양의 표고가 옹기종기 피었다
마냥 보아도 질리지 않는 자태에
절로 미소 지어진다

한 장 한 장 따서 바구니에 담으니
부드럽고 매끈한 감촉이
손가락을 간질이고
은은한 향이 몸에 젖어 든다

준비해 간 기름장에 표고의 흰 속살 찍어
한 입 베어 무니 오감이 깨어난다
어느새 만들어진 표고산
자연이 주는 무한함에 마음은 부자가 된다

새막골의 봄 6
— 산벚꽃이 피면

산자락마다 산벚꽃 피면
장작개비 같던 겨울 산
연둣빛 치마에 흰 자수 놓은 듯
아름다운 그림을 만든다

그 모습 보고 있노라면
눈엔 총기가 생겨
마음 따라 연두빛 채워지고
욕망의 그릇 비워진다

담벼락엔 가냘픈 앵초꽃 피고
돌단풍의 흰 꽃대 위로
벌 나비 날아와 춤사위를 벌이면
남사당패처럼 들썩이는 내 어깨

누각에 앉아
굽이굽이 겹친 능선들 바라보면
물총새 날갯짓 같은 연둣빛 바람
얼굴을 스쳐와 입가를 간지럽힌다

새막골의 봄 7
— 칡을 캐며

집 앞 언덕 바위 밑
터줏대감처럼 자리 잡은 칡 줄기
왕성한 생명력으로 나무와 꽃들을 옭아매어
전쟁터 같은 밀림을 조성해 캐기로 했네

줄기부터 정리하고 흙을 파니
땅속으로 들어갈수록
홍두깨 같은 칡의 자태에 매혹되어
뿌리 끝까지 캐야겠다는 욕망이 앞서네

호미질에 껍질 벗겨진 칡의 속살이
갓 빚은 막걸리 빛깔처럼 맑네
칡을 캐는 모습이 패잔병 같았지만
민들레 꽃씨 날듯 손길은 가벼웠네

땅속 흙이 물기를 잔뜩 머금어
이끼처럼 축축하네
마침내 드러낸 칡뿌리 대하니
변강쇠처럼 불끈 힘이 생기네

아들 등짝 밀어주듯 세척 후 감상하니
코뿔소 같이 다부진 근육과
여인의 몸매 같은 곡선의 자태에
스스로 부끄러워지는 나의 몸매

그래도 갈근차 마실 것을 생각하니
영양 주사 맞은 것처럼 몸에 기운이 돋네

새막골의 봄 8
— 두릅을 따며

독야청청 한 순만 피우기 위해
온몸을 가시로 무장한 채
엄동설한 이겨 낸
지고지순한 생명의 순

두릅 향 그리워
뒷산에 올라 두릅을 대하니
고향 시골집 장독대 대한 듯
마음이 풍요로워요

방문해 주신
윗마을 할머니의 산골 옛이야기 들으며
숯불 피워 솥뚜껑에 들기름 발라
구수한 손맛으로 메밀 두릅전 부치면

뜰 안 가득 고소한 냄새 퍼지고
두릅 속살 보일 정도로 얇게 부쳐진 전은
입안에 착착 감겨요
두릅물김치 곁들이니 풍미가 더해져요

봄의 산골 기운 먹으니
몸이 생명력으로 가득 채워져요

새막골의 봄 9
— 너럭바위에 앉아

흐트러진 마음잡기 위해
주천강 굽어보는 배향산 너럭바위에
가부좌 틀고 앉으니
내 흰머리만큼 세월 품은 소나무가 반겨주고
답답했던 가슴이 탁 트인 전망에 시원해진다

강물은 굽이굽이 제 갈 길 흘러가고
학 서너 마리가 춤사위 벌이는 모습 보니
마음이 여유로워진다
쪽빛 하늘 아래 화사하게 핀 철쭉꽃은
가슴을 연분홍으로 물들인다

단전에 힘 넣고 시원한 솔바람 맞으니
내 몸은 바위와 하나가 된다
자연의 기를 받고 약수 한 잔 들이켜니
마음도 몸도 정화되어
무거웠던 걸음이 학의 깃털만큼 가볍다

새막골의 봄 10
— 수국꽃 피면

십오 년 전,
고향 집 언덕에
삽목했던 수국이
눈길 주는 이 없어도
자리 잡아 꽃을 피웠어요

수국꽃 대하면
늦봄 잔설처럼 유년의 기억들이 스쳐요
빛바랜 영상 보듯
장독대에서 장 담그는
어머니의 주름진 얼굴 보이고

개구리들 합창처럼
누나들 재잘거리는 소리 들리고
동생들 학교 보내고
홀로 남아 설거지하던
둘째 누나 뒷모습도 보여요

언제나 보고 만나도 그리운 가족처럼
수국꽃은 바라만 보아도 좋아요
오늘은 유난히 가족들 생각이 나네요

새막골의 봄 11
— 산골 두룡동

배향산기슭
화전민들 자리 잡고 살았던 곳
인적은 없고 사람 대신
멧돼지, 고라니가 주인행세 하는 곳
윗마을 노부부가 살았던 도룡동으로
옛이야기 들으며 찾아가요

안개 길 걷듯 희미한 산길
새소리 들으며 오르면
계곡 물소리 청아하게 들리고
달래 머위가 군락 이루고
야생화가 미소 띠며 반겨주어요
멧돼지 목욕탕 흔적이 보여
전쟁터의 적을 경계하듯 긴장하며
작대기로 나무 두드려 가며
조심스레 발길 옮겨요

옛 집터 마당에 도착하니
감회가 자못 깊었던지
노부부는 지나간 시간의 회상에 잠겨

마당에 있는 바위를
자식 얼굴 만지듯 쓰다듬네요

주변에서 당귀 잔대 산나물 뜯어 손질해
돗자리 깔고 삼겹살 구워 먹으니
고향 집 온 듯 마음이 편해져
옛 마을에 옹기종기 모여 살았던
사람들의 이야기
산들바람에 실려 오는 듯해요

나뭇가지 사이로 비취는 봄 햇살과
고요한 산속 정적에
어머니의 품에 든 느낌이에요

새막골의 봄 12
— 데크*를 만들며

집 앞 좁은 마당
끝자락에 비탈이 있어
데크를 만들기로 했어요

사흘 동안 땀 흘린 보람으로
아기자기한 데크가 만들어졌어요
뿌듯한 마음에
재료 냄새도 맡아보고
뛰기도 하고 제자리걸음도 하고
난간에 기대어 능선을 바라보기도 하고
하늘 바라 누워
두둥실 떠가는 뭉게구름도 바라보아요
성탄절에 산타 선물 받은 것처럼
기분이 설레요

산새 소리 들으며
설치한 탁자에 둘러앉아
차 마시며 정담 나누니
산속 찻집에 온 기분이에요
오늘 밤에는

데크를 양탄자 삼아 꿈나라로 가고 싶어요

* 규범표시는 '덱'(*deck*)이다

새막골의 봄 13
― 새참을 먹으며

봄기운이 따스해
텃밭에 두둑을 만들다가
잠시 그늘에서 쉬고 있는데
아랫집 할머니께서 부추전 부쳤으니
쉬었다 하라네요

부추전에 막걸리 한 잔 들이켜니
오래 전
아버지가 밭에서 쟁기질 하다가
어머님이 새참으로 준비한 호박전에
막걸리 드시던 모습이 떠오르네요

수양버들 살포시 순 내미는 봄날
이웃 할머니의 사랑과 배려에
다시 힘이 생겨 발길은 텃밭으로 향해요

새막골의 봄 14
— 금낭화를 바라보며

오월의 정원에 금낭화가 피었어요
진분홍 복주머니가 올망졸망 달려
오래 보아도 질리지 않는 금낭화

오 년 전, 구룡산행 중
계곡 음지에 핀 모습에 반하였어요
첫사랑 그녀를 본 듯 심장이 두근거렸지요

그 첫 만남 후 삽목하여
몇 년간 돌보니 비탈에 두루 퍼져
금낭화 동산이 만들어졌어요

바라보면 미소 짓게 하고
힘들 때면 위로가 되어주는 금낭화
나도 누군가에게 그런 사람이 되고 싶어요

새막골의 봄 15
― 토종벌을 키우며

토종꿀 받고 싶어
분봉 된 벌통을 구입했어요

신줏단지 모시듯
뒷산 바위 밑 양지바른 곳에 놓고
눈 뜨자마자 달려가곤 해요

아침부터 분주히 일하는
벌들을 보고 있으면 잡념도 들지 않고
게으름에서 벗어나게 돼요

먼 거리에서도 홀로
집을 찾아오는 것을 보면
신기롭기만 해요

천적인 말벌을 경계하기 위해
철통같이 근무 서고 있는 모습에
나의 흐트러진 마음을 잡아 봐요

벌들의 끊임없는 날갯짓으로
달콤한 열매 맺어지길 소원해요

새막골의 봄 16
— 산골의 아침

황토방에 더 누워있고 싶지만
새들 우짖는 소리에
잠자리에서 일어나게 되어요

동틀 무렵이면
새들 소리 더욱 소란해
새들이나 인간이나
하루의 시작이 같다는 생각이에요

홀로 있지만 혼자가 아닌
공존하며 살아가는 산골 자연의 삶
행복한 마음으로
아침을 시작합니다

새막골의 봄 17
— 누각을 지으며

산골에 움막을 마련한 후
산마루를 바라볼 수 있는
느티나무 옆에
소박한 누각을 지었어요

누각에 앉으면
앞에는 자목련이 옆에는 이화(梨花)가
멀리는 구룡산 능선이 한눈에 들어와
넓은 산하가 내 것이네요

찾아오는 벗 없고
살림 넉넉지 않아도
마음은 부자 되어
자연을 벗 삼아 유유자적 지내요

새막골의 봄 18
— 서리태를 심으며

조팝꽃 흐드러지게 필 즈음
동네 휴경지에 서리태 심으러
네 분의 누이와 매형이 오셨어요
모두 밭에 모여
줄 띄워 구덩이를 파서
서너 알씩 씨앗을 넣어요

조용한 산골에 오 남매가 모여
참새처럼 수다 떨며 일하다 보면
산골 동네가 시끌시끌해져
사람 살아가는 맛도 나고
두어 시간 만에 일도 끝나요

가마솥에 삼계탕 끓여
남실바람 맞으며 먹으면
모두가 행복할 뿐이에요
가을이 오면 함께한 사랑과 정성으로
쥐 눈 같은 서리태가 맺히겠지요

새막골의 봄 19
― 소나무를 심으며

새막골에 터를 잡은 지 삼 년째
살아온 날을 돌이켜 보니
올 때마다 제철 반찬 챙겨 주며
가장의 자리를 대신하는 아내에게
미안한 마음이 들어요

식목일에 뒷산에서 자란
소나무 한 그루를 정원에 옮겨 심었어요
힘은 들었지만
아내처럼 서 있는 소나무를 대하니
마음이 뿌듯해져요

새막골의 봄 20
— 장뇌삼 씨앗을 심으며

뒷산에
장뇌삼 씨앗을 심기로 했어요
심마니 할아버지 도움을 받아
고사 상을 차리고 절을 올린 후
정성껏 씨앗을 심어요

비탈이라 쉽지 않지만
구멍을 파고 서너 알씩 넣어요
할아버지의 심봤단 이야기 들으며
씨앗을 심다 보니
눈앞에 벌써 산삼이 보이는 것 같아요

토양이 좋아서 잘될 것 같다는 말씀에
힘이 나네요
씨앗이 잘 발아되어
장뇌삼이 많이많이 퍼지길
마음속으로 기원해 보아요

새막골의 여름

새막골의 여름 1
— 장맛비가 내리면

장맛비가 서너 시간 휘몰아치고 그치니
강에 흙물이 힘차게 내려가네요
이러한 환경이면 밤에만 잡을 수 있는
빠가사리를 낮에도 잡을 수가 있지요

낚싯대 챙겨
강가 최고 포인트인 메기소바위에서
지렁이 미끼로 낚시질하다 보면
연신 빠가빠가 하면서 올라오는 고기들
손맛 보는 재미에
힘든 줄도 시간 가는 줄도 몰라요

하늘에는 운무가 수묵화를 만들고
학들도 멋진 비행을 하네요
오늘은 빠가 소리가
또 하나의 전원 교향곡으로 들립니다

새막골의 여름 2
— 뒷산에 들어서면

장맛비가 며칠 연이어 내리더니
비구름도 지쳤는지
하늘이 새털구름으로 채워지네요

앞산에는 강에서 피어오른 운무로
한 폭의 수묵화가 그려지네요
내 마음도 구름과 같이 떠나고 싶네요

발걸음 뒷산으로 옮기니
잣나무 향기가 코끝을 시원하게 해주고
나뭇가지에선 청설모가 재롱을 피우네요

화려하게 치장한 망태버섯과
수풀 속 흰 도라지꽃을 만나니
가슴 저린 아리랑 노래가 입 안에서 맴도네요

전망 좋은 너럭바위에 가부좌 틀고
나뭇잎의 속삭임과 바람 소리 들으니
찌든 내 마음이 정화되네요

잣나무들이
서로를 배려하며 가지 뻗은 모습에서
더불어 살아가는 모습이 보여 좋네요

신선한 공기
가슴 속까지 들이마시며 산길 오르니
버섯들이 어느새 꽃처럼 피었네요

싸리버섯, 밤버섯, 표고버섯, 느타리버섯, 꾀꼬리버섯,
꽃송이버섯 한 바구니 따서 내려오니
버섯 된장찌개가 먹고 싶네요

어머니가 구수하게 끓여주셨던

새막골의 여름 3
― 강가에 내려가면

해 질 무렵에도
무더위가 기승을 부려
강가 상류로 다슬기 잡으러 왔어요

어두워져야 바닥 모래에서 나오는데
헤드 랜턴 비치니
물속 여기저기에서 보이는 보석 같은 녀석들

엉덩이까지 물속에 담그고 잡다 보면
더위도 가시고
어느새 한 망이 되네요.

별빛과 달빛이 주변을 밝혀주고
산자락에는 반딧불이 있어
외롭지 않네요

잘 씻어 끓는 물에 살짝 데쳐
바늘로 속살 콕콕 찔러 꺼내면
어느덧 한 그릇 채워지고

다슬기 속살 빛에 감탄사가 나오네요

나의 인생 후반기도
자연의 맛이 나는
다슬기의 속살 빛처럼 살고 싶네요

새막골의 여름 4
— 메기소에서 밤낚시를 하며

무더운 날씨에 오감 무뎌지면
장작 몇 개와 낚싯대 챙겨
메기소바위로 떠나요

인생 친구인 윗동네 할아버지와
삼십여 분 걸어서 메기소바위에 자리 잡고
어둠 밀려오면 낚시를 해요

낚싯줄에 신경을 집중하고
입질이 느껴질 때 낚싯대를 채면
빠가빠가 소리 내며 올라오는 빠가사리

대가리에 무시무시한 세 개의 가시가 있어
조심스레 바늘에서 떼어 어망에 넣어요
빠가사리가 올라올 때마다 아싸 소리가 나와요

잡힐 때마다
서로 격려하는 말 한마디에
낚싯대도 신이 나서 연신 춤을 추어요

능선에 달이 걸쳐 강가에 비치면
장작불 피워 석쇠 위에 빠가사리 올려놓고
천일염 뿌리면 맛있게 익어가는 빠가사리

아는 맛이 무섭다고 안 먹어 본 사람은 모를
일품의 맛에 취하고 자연에 취하며
새막골 한여름 밤의 추억을 남겨요

새막골의 여름 5
— 방문객을 맞이하며

무더위 속에 지인들이 방문했어요
뱀골로 단호박, 옥수수, 감자 쪄
계곡 나들이 떠나요

입구에 다다르니
초록 물결 피톤치드가 흐르고
냉기에 온몸이 시원해지네요

건너편 대나무 원두막을 가기 위해
맨발로 계곡을 건너니
뼛속까지 시려 온몸에 소름이 돋네요

원두막 앞에는
달맞이꽃과 야생화가 눈길 유혹하고
산수국과 산딸기가 정원을 이루었네요

계곡물에 발 담그고 간식 먹으며
도란도란 이야기 나누니
다람쥐도 끼워 달라 오락가락 하네요

자연과 어우러진 수채화 같은 모습
방문한 지인들과 함께하는 여유
행복을 나누는 참 좋은 시간이에요

새막골의 여름 6
— 물탱크 청소를 하며

상수도 물탱크 목욕시켜 주는 날
옹기종기 모여 사는 열두 가구에서
한 명씩 나와 물탱크 청소조, 주변 정리조,
음식 준비조로 역할을 나누어요

찜통더위에 물탱크로 들어가니
입에 함박웃음 띨 정도로 시원해요
이끼와 모래를 내 몸 닦듯이 박박 씻어내니
마음도 깨끗해진 기분이에요

물탱크 안 내 모습이 독 안의 쥐 같아서
어느새 바깥세상이 그리워지네요
물탱크 안에서 바라보는 뭉게구름은
동그란 한 폭의 그림을 보는 것 같아요

청소를 마치니 물탱크 속 냉기에
따스함이 그리워지네요
물탱크 옆에서 마시는 커피는
차가워진 몸에 온기를 돌게 하네요

함께하는 마음과 격려 속에 청소가 끝난 후
계곡 평상에 앉아 음식 나누면서
정다운 삶의 대화 오가니
계곡에 웃음소리가 메아리치고
계곡 물소리 청아하게 들리네요

새막골의 여름 7
— 윗동네로 마실을 가며

윗동네에 사시는 노부부 댁으로 마실 가요
할아버지는 오 년 전에 일을 놓으시고
할머니는 여전히 집 앞 큰 밭을 농사지으십니다

할머니를 뵈니 옥수수밭 침입자 때문에
밤새 옥수수 밭을 지키느라 피곤하다고 하시네요
할머니의 주름진 얼굴이
쓰러진 옥수수 밭을 대하는 것 같아요

구룡산 능선이 한 자락에 들어오는
전나무 아래 평상에 앉아
할머니의 속상했던 이야기 듣다 보니
시원한 산골바람이 불어와 땀을 식혀 주네요

그 사이 삶아진
구수한 찰옥수수 냄새가 코끝을 자극하는데
훼손된 옥수수밭 생각에 먹기가 미안해져요

할아버지는 멧돼지를 잡기 위해서
길목에 덫을 놓았는데

죽을 자리는 용케 피해 다닌다면서
미운 놈이지만 대단히 영리하다고 하네요

할머니가 냉막걸리에 고소한 메밀전을 내오시네요
오늘 밤은 옥수수 밭에 침입자가 오지 않길 기원하며
들기름 향기 풀풀 나는 메밀전에 잔을 부딪칩니다

할머니 집 뒤란에 있는 돌배나무 열매에
가을이 스멀스멀 스며들어요

새막골의 여름 8
— 달빛연구소를 들여다보며

아랫마을 강변에 위치한
달빛연구소를 방문했습니다
교사로 퇴임한 시인 아내를 위하여
남편이 간판을 달았다네요

달빛 연구라는 미명으로
부부와 옥상에 앉아
밤하늘을 올려보니
달빛이 유난히 푸르고 곱습니다

소나무 가지에 걸린 달빛이
강물에 잠기면서 황홀경을 만드네요
사위 고요한 밤의 달빛 유혹
몽롱하게 취하는 느낌입니다

부부의 사랑과
삶의 향기가 아름답게 느껴지는 곳
덕분에 밤바다를 흐르는 달빛이
더욱 고와질 것 같네요

새막골의 여름 9
— 깔딱메기 잡는 밤

입추가 지나 가을이 온 것 같은데
대지는 아직 열탕이네요
오늘 밤은 윗동네 계곡으로
밤낚시를 떠나요

소(沼) 주변에 자리 잡고
온 신경을 모아
깔딱메기와 밀당 하다 보면
온갖 잡념이 떠나가네요

잠시 후 툭, 툭, 투둑 잡아당기면
꼬리 펄럭이며 올라오는 깔딱메기
손에 닿은 감촉이 어린아이의 볼살 같아
기분이 좋아지네요

반딧불이 조명감독 아래
풀벌레 합창이 적적함을 잊게 하는데
오늘 밤은 버들치까지 올라오니
낚싯대는 신나서 춤을 추네요

오랫동안 낚시를 하다 보니
한 사발 가득 잡았어요
돌아오는 길, 별과 달이 동행하니
발걸음이 가뿐해지네요

구름에 달 가듯이* 오는 낚시꾼이 됐네요

* 박목월의 『나그네』에서

새막골의 여름 10
— 원두막에서의 하룻밤

옛, 유년 시절 추억 그리워
원두막에 모기장 펴고 잠을 청합니다
쑥 타는 모깃불 냄새에
마음이 새뜻해집니다

풀벌레 소리
고단함 다독이는 자장가로 들리고
은은한 달빛
비단 이불 되어 잠에 빠져들게 합니다

한밤중 고라니 소리에 깨니
뭇별들 밤 동무 되어주고
달은 나만 잔다고 토라져
구름 속으로 숨네요

은싸락 뿌려놓은 듯한 밤 풍경에
잠은 달아났지만
모두 잠들고 나만 깨어있는 이 시간이
무척 정겹습니다

새막골의 여름 11
— 어탕국수를 먹으며

장마철에 비는 내리지 않고
습한 무더위만 이어지는 나날들
찐 옥수수 한 양푼 들고 계곡물에 발 담그면
이마에 맺혔던 땀방울이 금세 사라져요
청량한 물소리 들으며 수다 떨다 보면
무더위도 근심 걱정도 없어져요

옥수수 알갱이 씹으면 입안에 단물 고여
칼칼한 어탕국수 생각나
강물에 낚싯대 담그고 한바탕 신경전 벌이면
아가미에 적색 화장한 피라미들
창공에 휘날릴 때마다
앗싸! 소리가 저절로 나와요

느티나무 그늘에 앉아
얼큰한 어탕국수 후루룩 삼키는 소리에
무더위도 행복한 여름이에요

새막골의 여름 12
— 시 낭송을 하며

아침부터 매미가 떼 창하는 한여름
귀한 낭송가 네 분이 방문했어요
반가운 인사와 짐 정리 후
숲그늘 따라 정담 나누면서
풍광 좋은 주천강 메기소바위에
다녀왔어요

돌아와 어탕국수 끓여 먹고
어둠이 몰려올 즈음 모닥불 피워
별빛과 달빛 조명 삼아
시 낭송에 빠져들어요
잔잔한 음악에 낭랑한 목소리
새막골에 파고들면
무디어진 감성이 반딧불처럼 반짝여요

팬플루트 연주는 낭송과 어울려
어둠의 고요마저 흡수하고
잔잔한 여운을 남겨요
모닥불에 둘러앉아 함께하니
시와 음악과 사연이
분위기와 어우러지는 여름밤이에요

새막골의 여름 13
— 계곡에 발을 담그니

폭염을 피해 계곡으로 내려가
접이식 의자에 누워
울창한 숲에 갇힌 하늘 올려보니
시 한 수가 절로 읊어집니다

계곡물에 몸을 담그니
오감 파고드는 시원함에
자연의 일부가 된 듯
시름 잊게 됩니다

매미도 폭염을 감당 못 하는지
울음 더 맹렬해지기에
수박 잘라 먹으며 멍 때리니
일상의 소소한 행복이 밀려옵니다

새막골의 여름 14
— 암반수를 축하하며

지하수 관정을 파기로 했어요
전문가가 탐색한 우리 집 텃밭 끝
공사 일주일 만에 100m 지하 암반수가 나와
마을 주민들
복권 당첨에 된 것처럼 함성을 지르네요

집집에 상수관 공사가 끝난 후
설레는 마음 안고 수도꼭지를 여니
콸콸 쏟아지는 암반수에
그동안 물로 인해 마음 고생한 것이
참새 떼 날아가듯 사라지네요

축하하기 위해 주민들 모여
삼계탕에 막걸리까지 한 상 차려
동네 반장님 댁에서 음식 나누니
마을 분위기가 암반수처럼 넉넉해져
마음은 벌써 풍년이에요

새막골의 여름 15
— 태풍이 지나가니

여행을 갔다가
일주일 만에 돌아오니
태풍에 집 뒤 소나무가 쓰러져
지붕을 덮쳤다

인명 피해는 없어
그나마 다행이지만
대자연의 위력에
존재의 나약함을 느끼게 된다

파손된 지붕과
누수 돼 물이 흥건한
거실을 정리하며
놀란 가슴을 가라앉힌다

이웃에서 도와줘
원활하게 복구하니
큰 위로도 되고
범사에 감사함을 알게 된다

새막골의 여름 16
― 불법건축물을 제거하며

더위가 가시지 않은 팔월 말
오랜만에 산속 오두막을 오니
집 안에 불법건축물이 생겼어요
새로운 건축물이 생겼으면
좋아야 할 테지만
불법건축물이라 마음이 무거워요

연장을 가지러 보일러 창고 문을 여는 순간
알 수 없는 분위기가 감지되어 빼꼼 올려 보니
천재 건축가가 지은 것처럼
한 치의 빈틈도 없는 불법건축물이
천장에 자리를 잡고
엄청난 무리들을 모았어요

감도는 전율과 전운에
적이 겨누는 총알을 피하고자
자동으로 낮은 포복 자세를 취하지만
연장은 손에 쥐어보지도 못한 채 창고를 나와
전열을 정비해 보려했으나
감당이 안 되어 119를 불러요

반시간도 안 되어 달려온 소방차에서
구세주 두 분이 나와
불법건축물과 적들을 일사천리로 제거해요
구세주 두 분 얼굴도 땀범벅이에요

포획된 불법건축물에 들어있는
말벌과 유충을 보니 측은한 마음이 듭니다
소방차가 떠난 후 오두막집은
일상의 평화를 찾았습니다

새막골의 여름 17
— 피델리우스 형님을 맞이하며

주말 이른 아침
육십 평생, 다리 장애로 살아온
사촌 피델리우스 형님이 방문했어요

직접 차를 몰고 고갯길을
넘어온 형님이기에 더욱 반갑네요

다음 생애에 다시 태어날 수 있다면
텃밭에 씨앗을 뿌릴 수 있는 농부로
태어나고 싶다는 형님

주말마다 새막골에서 생활하는 동생이
최고의 부러움이었다고 하는 말에
미안한 마음이 들어요

나만큼 새막골에 관심이 많았던 형님
직접 잡은 잡어로 끓인 매운탕이
생애에 가장 맛있는 음식이었다고 하는 말에
가슴이 벅차네요

오랜만에 만나
별빛과 달빛 친구 삼아
새벽녘까지 이야기를 나누어요

새막골의 여름 18
— 한여름의 장마

장대비가 순식간에 쏟아집니다
황토방에 드러누워
쏟아지는 빗소리 듣다 보면
유년의 풍경이 떠오르네요

장맛비 그치면
큰형은 갱골창에서 미꾸라지를 잡아
가마솥에 걸쭉하게 끓이고
온 가족에게 여름 별미를 맛보게 했어요

포슬포슬한 감자 쪄
막걸리 안주 삼아 열무김치와 먹다 보면
그립게 느껴지는 행복
회상에 잠겨 보네요

새막골의 여름 19
— 도리뱅뱅이 먹으며

주말 아침 이른 시간
윗집 할머니가 도리뱅뱅이 해준다기에
강가로 내려가 피라미 낚시하니

떡밥의 유혹에 연신 올라오는 녀석들
두어 시간 남짓 된 시간에
양푼 가득하다

프라이팬에 식용유 두르고
피라미를 원형으로 배열 후 바싹 튀겨내니
거꾸로 들어도 떨어지지 않는다

매콤달콤한 고추장 양념 입혀주고
깻잎으로 마감하니
성큼 한여름 별미 음식이 만들어진다

겉은 바삭하고 속은 촉촉한 도리뱅뱅이
시원한 옥수수 동동주와 함께하니
한여름 무더위도 사그라진다

새막골의 가을

새막골의 가을 1
— 산밤을 주우며

배향산으로 산 밤 주우러 가요
옛날 화전민들이 살았던 집터 주변에 이르니
돌담 위 빨간 꽈리꽃이 반갑게 맞아 주고
땅속에 반쯤 파묻힌 선양이라는 소주병이
흘러간 옛 시간을 말해 주네요

밤나무들이 모여 있는 곳에 도착하니
검붉은 밤알들이 땅 위, 바위 위에 널려 있네요
제 밥 챙기러 나온
다람쥐, 청설모와 경쟁하면서 줍다 보니
허리 아픈 줄도 모르고 줍게 되네요

잠시 바위에 앉아 주변을 둘러보니
싸리버섯, 밤버섯, 느타리버섯 피고
산속 공기에 머리가 맑아지네요
흘러가는 계곡 물소리 청아하게 들려
밤 줍던 욕심을 잠시 내려놓게 되네요

배낭 가득 채운 밤알 흡족해
가려 하지만

가을 산 분위기에 취해
발걸음이 떨어지지 않네요

새막골의 가을 2
— 조 타작

씨앗을 파종한 지 엊그제 같은데
어느덧 수확의 시기가 왔네요
옹골차게 영근 조 이삭을 대하니
김매질 하면서 흘렸던 땀방울
보람이 있네요

앞마당에 포장을 깔고
조 단을 2열로 배열해 도리깨질하면
우두둑우두둑 떨어지는 노란 알곡들
나의 잘못된 습관이나 교만함도
함께 떨어지도록 힘껏 도리깨질해요

여러 번 쳐대 줄기가 납작해 질 즈음이면
포장 위엔 알곡이 쌓이고
선풍기 바람으로 쭉정이 날려 버리면
알곡 쌓인 아름다운 고분이 만들어지고
일이 끝나지요

타작한 알곡을 만지면
고운 모래알처럼 감촉이 보들보들해요

방아 찧어 차조밥 먹을 생각하니
산등성이에 붉게 물든 노을이 더욱 붉어
내 마음 물들여 놓네요

새막골의 가을 3
— 주천강에서 천렵을 하며

마음이 단풍처럼 물들던 날
가을 민물고기가 맛있다는 전설을 찾아
동네 주민들이랑 천렵을 가요

산길을 걸어 강가에 도착해
고기가 들어 있을 만한 돌 아래
족대를 대고
장도리 지렛대를 이용하여 돌을 헤집으면
쉬고 있거나 낮잠 자던 고기들이 놀래
운이 좋은 놈은 위쪽으로 도망가고
운이 좋지 않은 놈은 족대 안으로 들어와요

족대를 들어 올릴 때마다
미꾸라지, 꺽지, 동자개, 쉬리, 피라미, 돌고기,
모래무지, 메기, 얼음치가 펄떡이네요
잡힐 때마다 이야! 이야! 함성이 터지고
돌부리에 걸려 넘어지기도 하고
힘쓰다가 지치기도 하지만
두세 시간 잡으면 한 종태기가 되어요

손질하여 얼큰한 매운탕 끓여 먹으면
전설이 진짜라는 걸 알게 되고
추운 몸도 따스해지면서
맛과 분위기와 소소한 행복에 취하네요
흘러가는 새털구름도 부러운 듯 내려다보네요

새막골의 가을 4
— 구절초꽃 향기

꽃으로 고독을 달래는 가을

십오 년 전, 누나가 심었던 구절초가
누나의 사랑을 거름으로
집 주변 널리 번져 피었네요

집으로 가는 오르막 길가에도
하얗게 지천으로 피어
어두운 밤길을 조명처럼 밝히네요

무거운 걸음으로 귀가하는 어머니께
힘내시라고 속삭이는
누나의 모습으로도 보이네요

모나지 않고 뽐내지 않으며
주변 사물들과 조화롭게 어울려
은은한 향기 뿜는 구절초꽃

나도 그런 꽃이 되고 싶네요

새막골의 가을 5
— 낙엽을 태우며

아침에 일어나니 서리꽃이 피었네
나무들도 화려했던 지난날 뒤로하고
동면을 준비하네

낙엽을 긁어모으니 느티나무 낙엽들이
고독을 함께 나누고 싶다고
아삭아삭 말을 건네는 듯하네

쌓인 낙엽 더미에
마른 개똥쑥을 얹어 불을 붙이니
회색빛 연기가 모락모락 피어오르고

참나무 숯불 피워 석쇠 위에 목살 올리니
낙엽과 개똥쑥 타는 냄새와 고기 굽는 연기가
번제의 제사를 올리는 풍경이네

타들어 가는 불꽃과 연기 꼬리를 보면서
한 해 동안 얼룩진 마음과
혼탁해진 영혼을 정화시키며

역할 다한 제 잎 떨군 느티나무처럼
정리된 홀가분한 마음으로
밝은 새날을 그려 보네

새막골의 가을 6
— 돌배주를 담그며

노란 단풍잎 바라보니
몇 해 전 지인의 정원에서 마셨던
돌배주의 풍미가 떠올라
윗마을 산속으로 돌배 구하러 갑니다

늦가을 산속 공기 폐부로 들이마시며
돌배나무 손길 닿는 곳에 다다르니
작고 거친 돌배가 손길 기다리다 지쳐
계곡으로 투신을 했네요

나무에 달렸을 땐 평범하게 보이던 돌배가
암반 물속에 잠겨 있는 것을 보니
수수한 자연의 색깔에 반해
바로 손이 가네요

나무에 올라 사랑 손길 대하니
양철지붕에 소낙비 내리듯
후두득후두득 떨어지는
산속 자연의 산물들

한 짐 채워 내려와
정갈히 손질하여 항아리로 모시고
농도 짙은 이슬 부으니
은은한 자태로 변신 되네요

백 일 동안 맑고 깊게 숙성시켜
월백설백천지백 되는 날
함께 마실 임 떠올리니
얼굴은 벌써 붉게 달아오르네요

새막골의 가을 7
— 황토방에 불을 지피며

11월 하순의 저물녘
황토방 아궁이에 솔가지로 불 지피고
마른 장작 올리니
후끈 달아오른 몸 감당할 수 없어
뒤란으로 나가니
굴뚝으로 회색빛 연기 피어오르네요

유년 시절, 소여물 쑤다가
부지깽이에 불붙여 장난질해
어머니 회초리에 눈물 흘린 기억
아궁이 잔불에 고구마 넣어놓고 잠들어
숯덩어리 만든 아쉬웠던 순간 떠오르네요

참나무 숯불의 진한 유혹 못 이겨
석쇠에 흑돼지고기 올리니
구워지는 냄새에 고즈넉한 산골이 기지개를 켜고
산골 밥상 차려 누각에 앉아
구룡산, 된불떼기산, 해봉산 바라보니
산들의 넉넉한 품에 안긴 듯하여
마음이 충만되네요

밥상에 달과 별들 불러 겸상하니
오늘은 내가 신선입니다

새막골의 가을 풍경 8
— 황토방 벽에 기대어

산자락 밑으로 햇살이 잠드는 초저녁
황토방 벽에 기대어 밖을 내다보니
어스름에 맞서는 잣나무가
당당하게 보이네요

창공을 나는 기러기 모습에서
외길로 달려온 나의 흔적 보이고
강가에서 노 젓는 뱃사공 모습에서
물살에 배를 맡기는 지혜 보이네요

산수 수려한 멋진 풍광에 취해
하룻밤 묵고 싶은 마음이 드는 즈음
방바닥은 구들장 열기에 달아오르고
나의 욕망 벗기듯 옷가지를 벗기네요

나무에 부딪혀 우는 바람 소리 들으며
기타 연주에 사망 부가의 노래 부르니
바람의 울음도 잦아들고
고독도, 외로움도, 쓸쓸함도 묻혀가네요

새막골의 풍경 9
— 소나무 전지를 하며

소나무의 기개와 사철 푸름 닮고 싶어
산골 움막 주변에 심고
십오 년 동안 자식 키우듯 돌본 녀석들

고고한 자태로 성장은 했지만
조망을 가리는 웃자란 가지들을 가위질하며
나의 습관도 교만도 다듬는다

끌밋하게 단장된 소나무 너머
주변 경치 바라보니
탁 트인 조망에 마음까지 열린다

잘린 가지 정리하여
담장 밑에 쌓으니
솔향이 온몸에 시나브로 스며든다

새막골의 가을 10
— 지붕 배수로를 정리하며

겨울 오기 전 배수로에 쌓인
부엽토 정리하러 지붕에 올라
하늘 모자 쓰고 주변 경치 바라보니
산세가 무척이나 수려하네요

경사진 지붕 위 무게중심 잡으며
막힌 부엽토 정리하니 마음이 산뜻하네요
부엽토 쌓여 배수로 제 기능을 못 하듯이
내 혈관들도 지붕 배수로 같진 않았는지 생각 드네요

정리 후 한 마리 새 되어 지붕에 앉아 휴식 취하니
유년 시절 초가집 지붕의 추억이 떠오르네요
배수로 없이 볏짚 결대로 빗물이 흘렀던 초가집
눈 쌓인 처마마다 열린 고드름 따서
칼싸움 하고 과자 대신 먹었던 빙수

아! 옛날이여
지나간 유년 시절 추억이 그리워지네요
말끔히 정리된 지붕 배수로 대하니
내 몸 혈관도 청소된 것 같네요

새막골의 가을 11
― 더덕을 캐며

십여 년 전,
집 뒤 언덕에 뿌린 더덕 씨앗이
모진 환경 속에서도
구근으로 자리 잡았네요

다칠세라 자식 대하듯 캐니
땅 기운 듬뿍 먹어 실한 자태가
허리 아픔도 잊게
더덕 캐는 삼매경에 빠뜨리네요

고추장 양념하여 장작불에 구우니
자연으로 채워지는 저녁 밥상
노을에 취하고 더덕 향기에 취해가는
하루의 끝자락이 행복하네요

새막골의 가을 12
— 장뇌삼을 캐며

장뇌삼 씨앗 뿌린 지 칠 년
초기에는 싹이 제법 나왔는데
매년 줄어 이제는
내 뒤통수 머리카락 숫자만큼 남아
자연에 다 내주기 전에
남은 뿌리 캐러 산에 올라요

솔잎 떨어지고 장뇌삼 잎도 떨어져
발견하기가 만만치 않지만
네잎클로버 찾듯 정성 들여 찾으니
드문드문 보이는 장뇌삼 대궁들

잔뿌리 다칠세라 조심스레 흙 들추니
노두에 세월의 흔적 보여요
산속에서 흙냄새와 삼 냄새 맡으니
심마니가 된 기분이에요

흙 옷 벗고 깔끔한 자태에
흐뭇한 미소가 번져요

새막골의 가을 13
— 오미자를 따며

오미자 모종 심은 지
삼 년 지난 봄

강한 생명력으로
왕성히 꽃 피우더니
기둥을 휘감고 올라
붉은 수를 놓았네요

이제는 반송 우듬지까지
똬리를 틀어
반송과 오미자가
한 몸이 되었네요

햇살 좋은 여름
그녀의 성깔 같은 오미자 따서
채반에 펼쳐 놓으니
새치름한 미소를 보내네요

겨울 화덕 난로에
차 끓여 마실 생각하니

마음이 오미자 빛깔로
곱게 물드네요

새막골의 가을 14
— 숙자 누나

보름 만에 찾아온 새막골
집 안팎이 낯설 정도로 깔끔하다

공기 좋은 산골에서 건강 회복하라고
황토방과 집 리모델링 비용을 대 준
숙자 누나와 매형이 닷새 동안 머물면서
땀을 많이 흘린 것 같다

누나는 실내 정리와 묵은 때를 지우고
매형은 덱과 텃밭 주변 소나무와 잡목을
마치 장발을 스포츠형으로 자른 것처럼
정갈하게 조경해 놓았다

새막골을 휘감고 흐르는 주천강에서
민물고기 잡아 매운탕 끓여 대접하니
얼큰하고 시원한 국물 맛에 빠져드는 모습에
감사함과 미안함이 쌍무지개처럼 교차한다

새막골의 가을 15
— 텃밭 농사를 지으며

오늘은 햇살 온몸으로 쬐며
초보 농사꾼 밭농사 수확하는 날
봄에 정성으로 심은 조를 수확하려니
낟알 없는 이삭만 건들대고 있어요

주인이 자주 안 와 참새가 먹었을까요
그래도 조이파리 보며 가지를 자르니
사각사각 소리 들려
갈대숲에 여행 온 느낌이어요

여름에 땀방울 흘리며 심은 들깨 수확하려니
들깨 냄새는 나는데 쭉정이만 남았네요
역시 참새가 거두어 갔을까요
허전함을 들깻잎 따며 향으로 위로받아요

수확의 기쁨 느낄 수 있는 작물은
땅콩과 당근이 있네요
당근을 뽑으니 빨간 속살 수줍게 내밀며
몸매 아름다운 각선미 보여주고
땅콩 줄기 뽑아 올리니

옥수수 팝콘처럼 우르르 달려 나오는 알들
입가에 절로 미소가 도네요

하늘은 맑고 햇살은 따사롭고
바람은 구슬땀 식혀주고
참새들은 잘 먹었다고 인사하고
아! 가을은
풍요와 여유가 있어 행복하네요

내 중년의 삶도
풍성한 결실 이루길 기원합니다

새막골의 가을 16
— 황토방에 누워

꿈꾸었던 황토방이 완성되는 날
아궁이에 불 지피니 구들을 잘 들였는지
굴뚝에 모락모락 뽀얀 연기 피어올라
마음이 뿌듯해지네요

두 평 남짓한 황토방이지만
두 개의 창 너머로 보이는 하늘과 능선
울창한 나무는 마음에 평온을 주고
질박한 흙벽냄새는 물욕을 없애주네요

불 지핀 뒤 서너 시간이 지나니
온기 가득해지는 황토방
바닥 따스하고 참나무 땔감 쌓였으니
올 겨울은 먹지 않아도 배부를 것 같네요

새막골의 가을 17
— 산책로를 조성하며

산속으로 들어오니 시원한 공기가
마음을 정화시키고 맨발로 땅을 밟으니
어린아이 피부 만지듯 기분이 좋아져
맨발 산책로를 조성하기로 했어요

약간의 경사가 있는 비탈에
지그재그로 길을 만드니
산 주인이 된 기분이 드네요
다람쥐들도 기분이 좋은지
아는 척하며 응원 하는 것 같아요

땀방울 흘리며 한참을 수고하니
어느새 아기자기한 길이 만들어졌어요
즐겨 부르던 '산 사람' 노래를 부르며
완성된 길을 걸으니
진짜 산사람이 된 듯 걸음이 가벼워요

새막골의 가을 18
— 토종꿀 수확

새막골에서 처음 친 토종벌
윗동네 어르신의 도움으로
꿀 한 통을 받게 되었어요

토종벌을 치면서
벌들의 지혜와 부지런함
공동체의 조화에 대하여
느끼고 배웠는데
꿀까지 수확했으니
매우 감사한 마음입니다

겨울 동안 양식을 구할 수 없는
벌들을 위해 꿀 일부는 남겼지요
깊고 진한 꿀맛에
감탄사가 절로 나와요

토종벌들이 겨울을 잘 견뎌
내년에도 벌통의 곳간이
채워지기를 기원합니다

새막골의 가을 19
— 송이를 따며

새막골 반장님이 구룡산으로
보물을 따러 가자고 합니다

능선을 지나
소나무 군락지에 다다라 두리번거려도
보물을 찾을 수 없는 나하고는 다르게
예리한 눈으로 먹잇감을 채는 매처럼
반장님은 소나무 아래 솔잎 사이에서
보물을 잘 찾아냅니다

반장님의 도움이었지만
처음 따 보는 송이의 손맛에
묘한 전율을 느낍니다
집으로 내려와
송이 불고기를 맛보니
설렜던 하루가 송이 향으로 남습니다

새막골의 겨울

새막골의 겨울 1
— 산골에 눈이 오면

나뭇가지에 설화 만발한 아침
목화솜 같이 흰 옷 두른
겨울 왕국 느낌이네요

숫눈길 위의 발자국 소리
뽀드득뽀드득
꿈속에서 듣는 듯 신비롭게 들리고
산짐승들 발자국이 동화 속 그림으로 보여요
동심으로 돌아가 눈사람 만들어 정원에 세우니
식구가 늘어 외롭지 않네요

햇살 비춰
보석처럼 반짝이는 산속 풍경이
메마른 감성을 깨우고
자아내는 탄성마다 메아리 되어
산골 아침의 고요를 깨우네요

새막골의 겨울 2
— 새막골 고개를 넘으며

어머니의 품 같은
보금자리 가기 위해
반드시 넘어야 할 고개
오늘 밤은 넘기가 만만찮습니다
어제 내린 눈으로 길은 빙판이고
찬바람 소리에 몸마저 움츠러듭니다

코란도 사륜 기어를 넣고 힘써 보지만
빙판길에 미끄러지고 미끄러져
동네 반장님께 긴급 출동 요청하니
구원군인 포크레인 몰고 와
험지에서 구출해 주니
언 몸과 마음이 따스해집니다

위험이 도사리는 길이지만
아리랑 가락 같은 정겨운 고갯길 있어
한겨울에도 봄기운이 감도는
나의 새막골

새막골의 겨울 3
— 겨울 주천강

소한(小寒) 추위에 얼어버린 주천강
털 장화 신고 강 위를 산책해요
영하의 날씨에 빙판을 걸으니
신비를 느끼게 해요

강 위를 뛰어다닐 때마다
쩍쩍 갈라지는 소리는
정신 똑바로 차리고 살라는 메시지 같아
온몸에 정신이 번쩍 들어요

어릴 때 저수지 빙판을 뛰어다니던
추억 떠올라 신나게 뛰어봅니다
서너 마리 학이
산과 강 사이를 유유히 비행하는 모습에
삶의 여유를 배우며 묵상에 잠겨 보아요

강가 바위들도 한껏 멋을 내고
찬바람과 맞서는 모습 대하니
마음은 진중해지고
얼음장 아래 흐르는 물소리 들으니
나의 몸에는 봄기운이 감도네요

새막골의 겨울 4
— 달빛과 오미자주

보름달 뜬 겨울 밤
윗마을 장뇌삼 농원
사장님 댁에 마실가요

밤의 어두운 정적이 포근히 다가와요
밤 풍경이 한 폭의 수묵화로 보이네요
노송 사이에 걸친 보름달은
한껏 넉넉한 분위기를 만드네요

뒷산에서 채취하여 담근 오미자 술
사춘기 소녀의 첫사랑 순정에
달아오른 볼처럼 붉게 익어
서로 주거니 받거니 하니
빛깔에 취하고 달빛에 취하고
풍미에 취하는 겨울밤

달빛 안주 삼아 마시는 밤의 풍경은
보아도 보아도 질리지 않는
옛 시골집 등잔불 대하는 분위기네요

마음이 통하고 눈빛이 통하고
정겨운 대화 속에
술잔과 달은 점점 기울어지네요

새막골의 겨울 5
— 눈썰매를 타며

하늘 땅 모두가 흰 세상
쌓인 눈을 보니 동심이 살아나
비료 포대에 옷가지 넣어
눈썰매를 만들어요

집 앞 내리막길에 놓고
발에 동력을 넣으면
거침없이 질주하는 속도에
저절로 환성을 지르지요

돌부리에 걸려 엉덩이 아프고
눈이 녹아 바지 젖기도 하지만
눈썰매 타는 재미는
나이도 잊게 하는 마력이 있네요

눈 내린 세상에 동화되어
시린 손 호호 불며
눈썰매의 세계에 빠진 하루
함박웃음 피어나네요

새막골의 겨울 6
— 토끼탕 맛에 빠져

정월 첫 토요일 오후
윗동네 어르신 댁에서 전화가 왔네요
산토끼 잡았으니 토끼탕에 막걸리 한잔하자고
반가운 소식을 한적한 산골에서 들으니
걷는 발걸음이 날아갈 듯 가볍네요

맛있는 냄새가 나는 거실에 들어서니
따스함에 추위가 가시네요

어르신이 손질한 고기를
아주머니가 손맛 나게 요리해 주시니
내 간마저 꺼내놓고 먹을 정도로 맛있네요

토끼 잡은 이야기와 새막골 옛 이야기 들으며
토기탕 맛에 빠져
깊은 산골 밤이 정겹게 흘러가네요

새막골의 겨울 7
— 화목난로 옆에서

칼바람에 냉기 도는 밤
저녁 먹고 간식으로 먹을
고구마와 뫼밤을
화목난로 구이통에 넣어요

구수한 냄새 올라올 때
구이통을 열면 맛있는 냄새가 솔솔
속살까지 익은 고구마와 뫼밤 한입 물면
누이들과 정겹게 먹던 추억 떠오르고
눈동자는 초롱초롱 깊어가는 산골의 밤

입술은 검어지고 손은 뜨겁지만
장작불이 있고 간식이 있어
홀로여도 마음 풍요로운
새막골 밤이네

새막골의 겨울 8
— 배향산을 오르며

설산 산행하고 싶어
집 뒤 배향산을 향해 길을 나서요

눈에 발이 빠지고 숨 헐떡이지만
은빛 풍경에 반해 힘든 줄 몰라요

나무에서 떨어지는 눈꽃 맞아도
투덜거리지 않고
새롭게 펼쳐지는 설경에
연신 탄성 지르면
산짐승들도 놀라 달음박질쳐요

정상에 도착해 주변 경치 바라보며
따스한 차와 주먹밥 먹으니
몸에 온기가 돌아 힘도 생기고
자연과 함께한 기쁨에
얼굴엔 눈꽃이 피네요

새막골의 겨울 9
― 산골길 눈을 치우며

동네 이장님께 연락이 왔네요
밤새 내린 눈으로 빙판이 되었으니
삼거리 길에서 만나 눈을 치우자고

산 아래 사는 열두 가구 모여
갖고 나온 넉가래, 빗자루, 삽으로
제설작업을 마치니
모세의 기적처럼 열리는 길
뿌듯해집니다

이장님 댁에서 끓여주신
떡만둣국을 먹으며 덕담 나누고 헤어지면
소소한 일상도 행복이 되어
웃음 번지는 산골 아침입니다

새막골의 겨울 10
— 만두를 빚으며

영하의 날씨어도 볕이 따사로워
윗마을 할머니 댁에 모여
손만둣국 먹기로 했어요

홍두깨로 얇게 밀어 피 만들고
살아가는 이야기 나누며 빚으면
이야기 거리도 소가 되어
만두가 올챙이배처럼 부풀어요

손재주에 따라 모양은 다르지만
교자상에 나란히 올려놓으면
보기만 해도 배가 불러요
정과 사는 맛으로 끓인 만두와
일상을 안주 삼으면
막걸리는 금세 바닥을 보이네요

이마를 맞대며 음식을 먹고
정감의 시간을 보내니
새막골이 삶의 향기로 가득하네요

새막골의 겨울 11
― 민물매운탕 끓이며

지난 늦가을에 잡아두었던
잡어를 해동합니다

비닐 팩에 얼려 둔 물고기를 보니
잡아 올릴 때의 생생한 손맛이 떠올라
몸에 생기가 돕니다

멸치 다시마 육수 낸 냄비에 고추장 풀어
갖가지 채소를 넣어 끓이면
보글보글 소리와 얼큰한 냄새로
입안에는 군침이 돌고
방안은 후끈한 열기로 채워집니다

함께 고기 잡았던 윗동네 할아버지와
마주 앉아 먹는 매운탕 한 그릇에
마음은 어느새 부자가 되어갑니다

밖에는 소복소복 눈이 쌓이고

새막골의 겨울 12
— 나무 지게를 하며

뒷산에 벌목한 참나무 있어
지게 지고 오르면
산의 냉기가 온몸에 스며들어
몸은 춥고 손은 시리지만
사각사각 눈 밟는 소리에
마음은 박하사탕처럼 상쾌해져요

눈 속에 잠자고 있는 참나무들
숲속의 요정 깨우듯 깨워
차곡차곡 지게에 얹어놓고
잠시 쉬고 있으면
청설모가 꼬리 흔들며 아는 척하고
다람쥐와도 눈 맞추니 기분도 좋아져요

묵직한 지게
긴 호흡 내쉬며 일어선 후
지게막대기로 중심 잡으며
한 발 한 발
내리막길 내디딜 때마다

이마에 땀방울 맺히고
숨소리 거칠어지지만
긴 산비탈 내려와
지게 내려놓고 한숨 돌리니
얼굴은 하회탈이 되어요

새막골의 겨울 풍경 13
— 장작을 쌓으며

뒷산에 올라 지게질로 나른 참나무
마당에 산더미처럼 쌓였네
기계톱으로 몽당몽당 신나게 자르다 보니
톱밥이 봉분을 이루었네

도끼날 갈아 참나무 토막 세워 놓고
한 방에 내리치며 쪼개지는 소리 들으면
마음은 천하장사 되고
이마엔 땀방울 흐르네

아버지가 도끼질한 나무들
뒤란에 쌓던 추억 생각하며
팔뚝에 장작들 가지런히 올려
황토방 앞자락, 창고 옆 자락, 뒤란에
무게중심 맞추어 쌓네

높은 장작 벽만큼 올 겨울은 따뜻하겠네

새막골의 겨울 14
— 마실지기

시간이 많은 겨울 낮
윗집에 사는 김 사장님 댁에 마실가요

팔순의 나이에 다리가 불편한대도
늘, 흙과 산을 친구 대하듯 하는 생활에
절로 고개가 숙여져요

돌계단을 오르면
산 능선들이 한눈에 보이는 정감 가는 집

도끼질한 장작으로 울타리를 친
마당의 나무 탁자 앞에 앉으면
마실 오는 마음이 편안해지는 곳

갈탄 난로 위에는 물이 끓어
달달한 봉지 커피 한 잔 마시며
살아온 인생 이야기 속에 빠져들면
절로 추임새 들어가고

군밤과 구운 은행 먹으며

공감되는 이야기에 귀 기울이니
시간이 먹구름 지나가듯 빨리 가요

이웃이 있어 황토방 아랫목만큼
마음이 따스해져요

새막골의 겨울 15
— 물이 끊기니

보름 만에 찾아온 새막골 집
주방에 수도꼭지를 트니
물이 나오질 않네요

추위에 모터가 얼어서 당황스럽지만
황토방에 장작불 지피고
주방에 화목난로를 피워요

차 한 잔으로 조급한 마음 진정시키고
계곡으로 내려가 도끼로 얼음을 깨니
얼음 파편들이 얼굴에 튀어 춥게 하네요

다음 날 아침 얼음 깨어 세수하면
계곡의 찬 기운이 온몸으로 느껴져
자연인이 된 것 같네요

양동이에 물을 길어와 밥 지으니
옛날의 겨울 고향 집 식솔들 위해
아궁이 연기 마시며 밥 짓던
엄니 얼굴 떠오르네요

새막골의 겨울 16
— 석화구이를 먹으며

소한(小寒)이 지난 오후
아랫집의 초대를 받아 가니
가마솥 건 아궁이에서 타는 숯불이
이글대며 반깁니다.

숯불 핀 화로 철망에 석화 올려
구우면 삐지직 소리 내며
희뽀얀 속살로 익어가는 알맹이
바라보고 있으니 침이 고이네요

살 발라 초장 찍어 먹으면
바다 향기 온몸에 퍼져
뱃고동 울리는 항구에 온 것 같아
날아가는 기러기들도 갈매기로 보이네요

새막골의 겨울 17
— 황토방

온종일 지게에 땔감 지고 오르내린 저녁
황토방에 넉넉히 불 지피니
방바닥이 찜질방 사우나처럼 후끈후끈합니다

요도 깔지 않고 고단한 몸 맨바닥에 뉘니
시원하다는 말이 입에서 절로 나오네요
굴렁쇠 굴리듯 몸을 굴리며 잠이 들어요

새벽 무렵, 발에 통증이 느껴져 눈떠보니
왼발 복사뼈에 화상을 입었어요
무디어진 나의 감각에 어처구니없네요

아내의 잔소리와 치료할 걱정이 앞서고
당분간 지게질을 못 한다고 생각하니
아쉬운 마음이 드네요

모든 것은 과하면 안 된다는 것을
복사뼈 화상을 통해서 배워요

새막골의 겨울 18
— 소머리 국밥을 먹으며

사각사각 눈을 밟으며
윗집 아저씨 댁으로
소머리국밥 먹으러 가요

동네 주민들과 눈인사 나누고 있자니
따스한 온기와 구수한 국물 냄새에
군침이 도네요

거실에 둘러앉아 모둠 수육을 먹으니
다양한 맛에 입이 즐겁고
이웃 간의 정도 새록새록 쌓이네요

뜨끈한 국밥에
김장 김치 얹어 먹으면
전문 소머리국밥집에 온 기분이에요

다음 날도 또 오라는
따뜻한 정과 넉넉한 인심에
뭇별들 반짝대며 길을 비추네요

새막골의 겨울 19
— 치악산 상원사를 오르며

설산의 능선들 보고 싶어
치악산 상원사로 떠나요

한여름에 냉기 뿜던 계곡은
신비한 얼음조각으로 단장하고
한적한 산행 길 오르다보면
마음이 고요해지네요

산의 정기 받으며
가파른 길 두어 시간 오르면
남대봉 아래 어미의 품처럼 포근한
상원사에 도착해요

대웅전 마당가 바위에 걸터앉아
따스한 햇살에 움츠린 등 펴고
장대한 능선 바라보면
탁 트인 전망에 가슴이 환해지네요

스님의 염불 소리에
스르르 눈 감으면
이내 능선들이 마음에 들어와 안기네요

새막골의 겨울 20
— 새막골 단합대회

아랫마을 식구들과 단합대회 차
반장님의 봉고를 타고
운두령으로 별미 여행을 떠나요

도로 주변은 온통 설국이에요
수다도 떨고 손뼉도 치며
노래 부르면서 가다 보니
어느새 운두령에 도착했네요

화목난로의 따스한 분위기와
붉은 무지개송어회가 어우러져
눈도 입도 즐거운 새막골의 단합대회

동화의 나라에 온 듯했던
운두령의 설경이 가슴에 가득하네요